Copywriting para Serviços

Copywriting para Serviços

Como Criar uma Mensagem Persuasiva para Vender Serviços Online

Jadson Barreto

Copyright © 2022 | Jadson Barreto
AUTOR Jadson Barreto
EDIÇÃO Jadson Barreto
FORMATAÇÃO Jadson Barreto

Copyright © 2022 JADSON BARRETO
Todos os Direitos Reservados

Sumário

Capítulo 01: 7

Os Segredos para Vender Serviços Online 7

Ou você aprende a ganhar a confiança do seu público, ou dificilmente você irá conseguir vender serviços na internet. 8

Eu "Descobri os Segredos" para Vender Serviços Online Mesmo que Você Não Seja um PHD em Marketing Digital... 16

O Benefício Escondido: A Maneira Mais Inteligente para Promover o Seu Serviço Online 20

O Poderoso Conceito da Produtização do Serviço... 24

Capítulo 02: 31

Posicionamento Online: A Estratégia Perfeita para Criar uma "Diferenciação" no Seu Serviço 31

O seu discurso online precisa se tornar esse gerador de confiança. 33

O Atalho para Vender Serviços Online: Encontre a sua Brecha de Mercado... 34

Às 03 Passos para Encontrar a sua Brecha de Mercado... 37

Você precisa Se APROPRIAR de Algo que já é Falado, e apresenta uma Leve e NOVA Diferença... 40

Fale de Algo Conhecido, Inserindo um Elemento Novo... 43

Capítulo 03: 55

Como Criar "na Prática" uma Copy para Vender Serviço... 55

    Os 05 Etapas da Copy para Vender Serviços Online...57

        01- Afirmação 57

        02- História 57

        03- Problema 57

        04- Revelação 57

        05- Convite 57

Capítulo 04: 81

A Estratégia de Vendas, e O Seu Próximo Passo Ideal.81

    Existem 03 estratégias para prestador de serviço, são elas: 82

        01- Super palestra 82

        02- Tráfego Direto 82

        03- Ebooks 82

    O Seu Próximo Passo Ideal... 88

Capítulo 01:

Os Segredos para Vender Serviços Online

Caro leitor,

Eu começo as primeiras linhas deste livro com uma única e exclusiva meta em mente: *Ganhar a sua confiança.*

Talvez você esteja se perguntando: *"ganhar a minha confiança? por que?"*

Eu sei que posso correr o risco de parecer um pouco exagerado, mas eu não encontrei outra maneira mais objetiva e clara para dizer isso.

Ou você aprende a ganhar a confiança do seu público, ou dificilmente você irá conseguir vender serviços na internet.

Muitas pessoas estão indo para a internet promover seus serviços, sem fazer a mínima ideia sobre qual a melhor maneira de fazer isso.

O que eu vou te apresentar durante os próximos capítulos é exatamente como gerar essa confiança na sua mensagem de vendas.

Você irá aprender qual a estrutura perfeita de copy para vender serviços online. E mais, os princípios para criar uma diferenciação em relação ao seus concorrentes.

Mas antes de tudo, deixa eu te contar um pouco dos bastidores de como esse livro começou.

Há cerca de 30 dias, eu estava escrevendo uma carta de vendas para um cliente. Era uma COPY para vender uma mentoria (Serviço) no nicho de finanças.

Durante a escrita, eu precisei fazer uma rápida pausa para almoço.

Depois do almoço, eu deito para tirar um cochilo de 20 minutos, vejo algumas mensagens no WhatsApp, Instagram, e-mails, etc...

Quando eu estava rolando o feed do Instagram no meu celular, eu me deparei com um vídeo de uma colega que é prestadora de serviços no nicho de estética corporal e bem estar.

É muito comum eu ficar analisando alguns movimentos e ações de vendas no mercado. No entanto, a estratégia dessa colega chamou muito a minha atenção.

Ela estava postando "dancinhas do tik-tok".

Na hora eu pensei: *"Será que realmente ela está dançando com o objetivo de atrair clientes para o seu serviço?"*

Eu continuei navegando por cada postagem com atenção. Post por post, stories por stories.

Eu queria ter a certeza absoluta que aquelas ações tinham um claro objetivo de vendas ou apenas uma forma de entretenimento.

Resumindo a história...

Conversando com ela pouco tempo depois, ela confirmou que realmente estava dançando com a intenção de gerar vendas com a justificativa que muitas pessoas estavam fazendo aquilo.

Entretanto, as dancinhas não estavam ajudando muito. Até gerava um certo engajamento, porém, vendas que é bom... nada.

O ponto chave é, eu não estou falando que fazer as "famosas dancinhas" é errado, não funciona, ou você não deva fazer... Não me entenda mal.

O que quero dizer é que *existem maneiras mais profissionais de vender online*. Existem estratégias mais inteligentes.

Principalmente quando a meta é vender serviços.

E digo mais... vamos imaginar que as dancinhas gerem resultados. É muito provável que chegará um momento que tantas pessoas irão fazer que a tendência é perder o efeito.

Isso é algo natural em todos os mercados. Gravem isso: Quando uma estratégia é repetida por diversas vezes, ela "tende" a perder sua eficácia.

Mas quer saber qual a parte mais engraçada disso tudo?

Alguns meses antes, eu já tinha "orientado" essa mesma colega, sobre como ela deveria se promover no ambiente online.

Porém, como foi uma orientação "free", ou seja, "gratuita", naturalmente ela não valorizou tanto essa orientação.

Da próxima vez eu mando o link de pagamento para ela comprar a minha mentoria de COPY ou meu E-book. rsrs

A propósito, eu vou falar mais sobre a mentoria em instantes.

Voltando para a história...

Talvez você esteja se perguntando, o que isso tem haver com esse livro? Ou, qual a moral dessa história?

Bom, depois de ver minha amiga passando por aquela situação, eu entendi que esse é um problema muito comum entre a maioria dos prestadores de serviços.

Muitos se sentem praticamente "abandonados" quando o assunto é copy, campanhas de vendas ou estratégias avançadas para vender online.

A grande maioria está EXTREMAMENTE carente em termos de estratégias de vendas e promoção de serviços online.

O mercado está cheio de pessoas ensinando copy para produtos digitais.

<u>Mas o que eu realmente senti falta são pessoas ensinando como criar copy com FOCO em vender serviços online.</u>

Como criar uma mensagem de vendas mais persuasiva? Quais as melhores abordagens? Como montar uma oferta atrativa?

Nascia ali, a ideia para escrever esse livro.

A minha meta com esse livro é muito simples, clara e objetiva: ajudar pessoas a melhorar a sua maneira de vender serviços través da internet.

Mas na prática, como conseguir isso? Qual o primeiro passo? Por onde começar de verdade?

Calma jovem, a nossa jornada está apenas começando...

Eu prometo que daqui a pouco todas as peças começarão a se encaixar, tudo irá começar a fazer mais sentido.

Preparado?

Então vamos lá.

Eu "Descobri os Segredos" para Vender Serviços Online Mesmo que Você Não Seja um PHD em Marketing Digital...

<u>Eu preciso que você preste bastante atenção agora</u>. Apenas o fato de você ter esse tipo de conhecimento nas mãos, **já te dá uma enorme vantagem em relação aos seus concorrentes**.

O primeiro passo para você vender serviços online é entender na prática como funciona o processo de escolha de um serviço.

As pessoas NÃO contratam um serviço simplesmente porque querem ou gostam de você. <u>Elas contratam um serviço para que alguém faça algo que elas NÃO dominam ou NÃO tem tempo para fazer.</u>

Quando eu descobri isso, eu mudei completamente a minha estratégia para vender consultoria.

Antes, eu achava que precisava fazer muito networking, ter um grande reconhecimento, muita indicação, para que eu conseguisse atrair bons clientes.

A verdade é outra.

Eu vou tentar explicar isso melhor.

É muito comum ver pessoas no "mundo dos agendamentos" fazendo investimentos que, em muitos casos, não geram os melhores resultados.

Alguns, são tão ineficazes que a impressão é que você está "rasgando dinheiro"... *literalmente falando...*

Mas, pare por alguns instantes e olhe à sua volta: *Como as pessoas do seu bairro estão tentando vender seus serviços?*

Eu vou citar algumas para ajudar a ATIVAR sua memória:

01- Panfletagem
02- Cartão de visita
03- Carro de som
04- Outdoors
05- Dicas nas redes rede sociais
06- Site básico (Sem Copy)
07- Dancinhas no tik-tok... rsrs

Eu não estou dizendo que essas estratégias não funcionam mais. Não é isso.

O grande problema é investir tempo, dinheiro e esforços APENAS nesses modelos de estratégias.

E deixar de lado a grande oportunidade que a internet nos proporciona, que é criar vários pontos de alta conversão, todos os dias.

E digo mais, se você comparar o "custo-benefício" dessas estratégias tradicionais entre as estratégias online, você irá reparar que em muitos casos chega a ser covardia essa diferença.

Mas acontece que por uma questão de "lentidão" e "imaturidade" natural do mercado, a maioria dos prestadores de serviços irão demorar para se atualizar.

Muitos ainda irão continuar investindo seu precioso tempo e dinheiro nesses modelos de estratégias tradicionais.

É exatamente aqui que nasce a brecha escondida para prestadores de serviços.

Quer saber qual é a brecha?

O Benefício Escondido: A Maneira Mais Inteligente para Promover o Seu Serviço Online

Pense o seguinte.

Todo mundo tem uma maneira específica de fazer algo. Muitas pessoas se destacam por conta dessa maneira.

Deixa eu dar um exemplo prático.

Eu gosto de assistir a pegadinhas no YouTube. Naturalmente, eu tenho um youtuber preferido.

Um que mais me desperta o interesse de assistir seus vídeos.

Preste bastante atenção nessa parte "despertar interesse".

Continuando...

O mais interessante é que existem outros que fazem a mesma pegadinha, a mesma piada, em muitos casos até falam do mesmo jeito.

É muito provável que alguns literalmente copiem uns aos outros, como acontece na maioria dos mercados. Isso é fato.

Mas o ponto é: apesar de existir OUTRAS opções bem semelhantes, eu prefiro assistir ao que eu mais gosto.

Por que?

A resposta é simples: A maneira como ele apresenta as pegadinhas é o que chama bastante a minha atenção e desperta meu interesse.

O que eu quero dizer é o seguinte: em um mercado de alta concorrência (como é o de prestação de serviços), onde as pessoas falam praticamente as mesmas coisas.

A sua experiência pessoal, a sua maneira de falar, <u>faz a TOTAL diferença.</u>

As pessoas sempre vão se interessar mais pelo O COMO você fez algo, do que pelo O QUE você sabe sobre um determinado assunto.

Em outras palavras, você precisa fazer com que as pessoas "te percebem" como algo desejável.

Como uma autoridade, um especialista prático em um determinado assunto, um solucionador de problemas.

As pessoas precisam lembrar de você como a pessoa que pode ajudar a resolver problemas específicos.

<u>Esse é o segredo.</u>

Mas afinal, como fazer isso na prática? Como criar esse destaque no ambiente online?

O Poderoso Conceito da Produtização do Serviço...

Uma frase que definiria bem esse conceito seria a seguinte: *A arte de Posicionar o seu serviço como um produto.*

Mas antes de explicar em detalhes esse conceito, deixe eu te fazer uma rápida pergunta.

Alguém já te pediu uma "dica rápida"? Ou uma ajuda gratuita sobre o serviço que você vende?

É muito provável que a sua resposta seja sim.

Mas por que isso acontece?

A resposta é simples.

Muitas pessoas te pedem "opiniões gratuitas" ou "dicas grátis" por que elas não sabem exatamente separar você do seu serviço.

Ponto.

Em outras palavras, para muitas pessoas, *você e o seu serviço são a mesma coisa*.

Elas não entendem que responder perguntas e dar orientações, faz parte da prestação de serviços. *Que na prática é o seu produto*.

Esse é outro problema da maioria dos prestadores de serviços no mundo digital.

Eles não sabem *como posicionar o seu serviço como um produto*.

Deixe eu dar um exemplo bem prático de como muitos fazem hoje em dia.

"Olá! Eu sou Joana Nutricionista... Vamos marcar uma consulta?"

Ou...

"Olá! Eu sou Renata Massoterapeuta... Podemos marcar uma sessão?"

Ao invés disso, **você precisa transformar o seu serviço em produto.**

Por exemplo:

Olá! Eu sou Renata... Massoterapeuta... ***Criadora do programa de estética corporal Medida Perfeita.***

Nessa apresentação eu vou te mostrar em detalhes os bastidores de como o meu programa pode te ajudar a 1, 2, 3...

Esse é um pacote de 3 meses, 12 sessões... onde você será acompanhado e tratado pessoalmente por mim para que finalmente você consiga atingir a meta de alcançar...

Percebe a diferença?

O ponto chave é: *Você precisa dar nomes para as suas consultas e atendimentos e vender serviços como se tivesse vendendo produtos.*

Esse é o primeiro passo: **Transformar serviços em produtos.**

E para você entender melhor esse conceito. Pense sobre a criação de um método. Um passo a passo.

É assim que você começa a transformar serviços em produtos.

O segundo passo é EXTRAIR algum elemento da prestação de serviço e se posicionar como um especialista.

Vamos para o exemplo prático?

Esse livro é um ótimo exemplo de criação de uma percepção de método.

O real objetivo deste livro é vender a minha consultoria em copywriting.

Eu estou entregando exatamente TUDO que você precisa saber para criar uma copy para vender serviços.

Eu não estou escondendo simplesmente nada. Além disso, ainda estou estruturando tudo em passos. Em um tutorial.

01- O Segredo da copy para serviços (Visão geral)

02- O Posicionamento da copy para Serviços

03- A estrutura da Copy para Serviços

04- A estratégias de Vendas para Serviços

Em outras palavras, eu te ensino como fazer e vendo a opção de fazer por você.

Está ficando claro?

Eu peguei um atributo ou elemento específico no caso "copy para serviços" e criei uma ideia de método.

Dessa maneira, eu consigo me posicionar como um especialista em um determinado assunto. Uma pessoa que resolve um problema específico.

Problema: Como escrever uma copy para vender serviços.

Entender que você pode extrair atributos e elementos específicos da sua prestação de serviços, é o primeiro passo para se posicionar em relação aos seus concorrentes.

Faz sentido?

No próximo capítulo eu vou te mostrar exatamente como criar "na prática" esse diferencial. O exato passo a passo para criar um discurso online único.

Preparado?

Capítulo 02:

Posicionamento Online: A Estratégia Perfeita para Criar uma "Diferenciação" no Seu Serviço

Antes de falar sobre a criação de um discurso único deixe eu te fazer algumas perguntas, seja sincero, ok?

De 0-10 qual nota você dá para sua estratégia online para vender serviços?

De 0-10 quanto você sente que já poderia estar em um outro nível de vendas e fechamento da sua prestação de serviços?

O motivo dessas perguntas é bem simples: *A ação de contratar um serviço é tomada quando a pessoa se sente em "algum nível" segura.*

Essa segurança vem da geração de confiança.

Mas afinal, como conseguir gerar confiança na minha comunicação de vendas?

Como criar essa percepção de confiança nas pessoas através da internet sem depender apenas de indicações?

O seu discurso online precisa se tornar esse gerador de confiança.

Em outras palavras, se você ainda não tem uma certa autoridade, você precisa criar elementos que geram essa confiança no seu texto. Na sua comunicação de vendas. Na sua copy.

Existem alguns elementos que podem ser trabalhados para isso.

Por exemplo:

01- Experiência própria
02- Prova
03- História

Mas eu não vou entrar em detalhes sobre a apresentação de vendas agora. Pois, teremos um capítulo inteirinho somente para a estrutura de copy para serviço.

O ponto chave é: As técnicas de Copy irão refinar o seu discurso, tornando-o mais persuasivo, atrativo e poderoso.

Infelizmente, a maioria esmagadora dos prestadores de serviços não fazem a mínima ideia de quais elementos usar para gerar confiança na sua comunicação.

O Atalho para Vender Serviços Online: Encontre a sua Brecha de Mercado...

Se você quer aumentar os seus pedidos de orçamento, agendamentos, reuniões e é claro, vendas... Você irá precisar entender um conceito que é conhecido como: **Posicionamento de Mercado.**

Todo mundo sabe que ter um diferencial é crucial para que você seja notado no seu mercado de atuação. *Todo mundo sabe disso.*

A busca por um diferencial de mercado não é mais nenhuma novidade.

Mas o que poucos realmente sabem é como criar esse diferencial. É nessa tentativa que muitos acabam se perdendo.

Por exemplo, é muito comum ver pessoas tentando criar esse diferencial da seguinte forma:

01- Superlativos
02- Preços baixos

Talvez você já tenha visto anúncios parecidos com esses:

"Nós somos os melhores do mercado X..."

"O Maior Evento do Brasil sobre Y..."

"Nós temos os preços mais baixos do que a concorrência... etc e etc..."

Mas o grande ponto é: *Qual a maneira mais inteligente e rápida para se diferenciar no meu mercado de atuação?*

Crie um Discurso Único...

Preste bastante atenção.

O primeiro passo para se diferenciar dos seus concorrentes é criando um discurso único.

Discurso único: É tudo aquilo que você irá falar, que vai estabelecer um "diferencial" para o que você vende e ao mesmo tempo criar um senso de urgência.

Essa é maneira mais inteligente e rápida de se destacar em mercados saturados.

O motivo é simples: Você irá fazer os seus concorrentes trabalharem para você.

Às 03 Passos para Encontrar a sua Brecha de Mercado...

Existem 03 passos para criar um discurso único no seu mercado de atuação, são eles:

Passo número 01: Criação de uma familiaridade

Passo número 02: Criação de uma hipótese

Passo número 03: Criação da sua Solução

Eu vou te explicar em detalhes cada um deles.

01- Criação de familiaridade: Aqui é o momento de você fazer uma pesquisa sobre tudo que os seus concorrentes já estão falando.

A maioria dos seus concorrentes já estão prometendo soluções para determinados problemas.

Automaticamente, é criado um sentimento no seu mercado.

O seu objetivo é pegar esse sentimento que já existe no seu mercado e trabalhar em cima disso.

Esse conceito é conhecido no mundo do marketing como "pegar carona em algo já conhecido para se tornar reconhecido".

Você precisa listar alguns discursos que já são falados no seu mercado.

Exemplo: você irá separar alguns vídeos, anúncios, posts, etc.

Em seguida, você irá "extrair" o sentimento do que já é conhecido no seu mercado e crie uma lista.

Discurso 01
Discurso 02
Discurso 03

Você precisa Se APROPRIAR de Algo que já é Falado, e apresenta uma Leve e NOVA Diferença...

Eu dei um destaque para a palavra "apropriar" não foi por acaso.

Eu vou explicar isso melhor.

Mas antes, você precisa entender o que é posicionamento de mercado.

Posicionamento: Basicamente, é como você quer que as outras pessoas "percebam" você, sua empresa ou o seu produto/serviço.

Existem várias estratégias de posicionamento que você pode aplicar em seu negócio.

Dependendo do modelo de negócio e momento atual existe uma determinada estratégia que você pode usar.

Mas aqui vamos focar apenas na melhor estratégia de posicionamento para vender serviços que é: _Falar de algo muito conhecido, de uma maneira nova..._

Você precisa pegar carona no que já está bem conhecido e inserir um elemento novo.

Em outras palavras, você irá falar de algo que já é familiar para o seu público, porém, usando elementos novos, uma abordagem nova, um ângulo diferente, etc.

Deixa eu te dar um exemplo prático.

O próprio livro que você está lendo agora. Esse livro é um exemplo prático do que estou tentando te explicar.

Quando escrevi o meu primeiro livro chamado *"Caixa-preta da copy"* apesar de um bom conteúdo, as vendas não foram tão boas assim.

Eu vendi mais do que algumas dezenas de unidades. Algum tempo depois, eu escrevi um segundo livro chamado: *Os Segredos da Oferta Irresistível.*

Novamente, as vendas não foram tão boas assim. O motivo?

<u>Apesar do tema copy ser um assunto muito quente</u>. Naquele momento, já existiam vários livros e cursos falando sobre CopyWriting, ofertas, técnicas, estruturas, etc e etc...

Se eu chegasse falando algo parecido com o que já é falado no mercado, facilmente seria ignorado. Seria apenas mais um livro de copy no meio de tantos outros.

Foi ali que eu comecei a entender que precisava de um diferencial. Eu precisava me posicionar em relação aos meus concorrentes.

Fale de Algo Conhecido, Inserindo um Elemento Novo...

Pouco tempo depois eu decidi escrever um terceiro livro, desta vez aplicando as técnicas de posicionamento.

Eu peguei o tema Copy novamente (algo muito conhecido). Porém, eu precisava encontrar uma brecha para encontrar o meu diferencial.

Eu observei que "copy para serviços" era um assunto que poucos estavam falando no mercado digital.

E esses poucos, tratava esse assunto de uma maneira muito básica e superficial.

Foi então que eu pensei o seguinte: *"É isso! Eu vou ser o cara que fala de copy para serviço de uma maneira aprofundada e avançada."*

Eu decidi fazer a união de: **Copy (Algo conhecido) + Servicos (Elemento Novo)**

Bingo! Bingo! e Bingo!

Esse livro que está nas suas mãos agora se tornou o meu "bestseller". Literalmente explodiu de vendas e ainda abriu portas para que eu pudesse fechar novos contratos de consultoria em copy.

Eu descobri que mais do que um bom tema, é preciso encontrar a sua brecha de mercado.

O ponto chave é entender o seguinte: Se você faz parte do mercado digital, você faz parte de um ecossistema. O que já é falado nesse "ecossistema" de alguma forma já está IMPACTANDO fortemente as pessoas.

Ao invés de brigar de frente ou se apresentar como algo extremamente diferente, você se apropria e tira proveito do que já está sendo falado, adicionando um elemento novo.

Em outras palavras, você pega carona no que já é falado para apresentar o seu diferencial.

Isso coloca você dentro de uma caixinha, estabelece um diferencial e te encaixa em uma brecha única de mercado.

Tá fazendo sentido?

02- Criação da hipótese: Nesse caso, você já fez a pesquisa sobre o que as pessoas do seu mercado estão falando.

E agora é o momento de você pegar os elementos que você listou com a sua pesquisa e criar uma hipótese.

Por exemplo:

Lista:

Discurso 01
Discurso 02
Discurso 03

Hipótese:

A maioria das pessoas estão falando mais ou menos sobre 1, 2, 3...

Partindo dessa Hipótese, você tem duas linhas para criar o seu discurso único:

01- Confronto direto
02- Complementar

Confronto direto: Nesse caso, você faz um confronto direto com o que já está sendo dito no seu mercado.

Por exemplo: *A maioria está falando sobre "x" eu concordo, mas, está incompleto.*

Complementar: Nesse segundo caso, você irá pontuar o sentimento do mercado, ou seja, algo que está sendo muito falado e mostrar que falta algo.

Por exemplo: *Muitas pessoas no mercado já estão falando sobre isso... Mas, existe uma parte que poucos estão vendo... que é...*

Essa foi a mesma linha que eu segui para vender o copy para serviços.

O grande objetivo da criação de um discurso único é apresentar uma ideia que você está por dentro de tudo que está acontecendo no seu mercado AGORA.

Em outras palavras, mostrar que você realmente entende do que está falando, que você entende do contexto atual, que você é um especialista na sua área de atuação.

Essa é a maneira mais rápida, simples e poderosa de criar autoridade e diferencial no ambiente online.

Faz sentido?

Outro ponto importante é você entender que ao invés de olhar apenas para o seu público alvo, você foca nos seus concorrentes. No que já está sendo dito.

Preste atenção: Se você quer vender serviços online, você precisa focar no seu discurso.

<u>Venda de serviços é uma guerra de discursos</u>. E quem consegue aplicar esses elementos e se diferenciar... ganha o jogo.

03- Criação da Solução: A solução nada mais é do que a apresentação da sua conclusão.

O discurso que você irá defender com unhas e dentes.

Eu vou dar um exemplo bem prático para que você possa entender melhor.

Eu preciso que o leitor preste bastante atenção, pois vou tentar explicar da maneira mais didática possível.

Sempre que eu vou criar uma abordagem NOVA para vender um serviço premium de copy.

Eu preciso estabelecer OU reforçar um diferencial no mercado.

Por exemplo: Muitas pessoas já falavam de copy. Já existem muitos cursos, workshops e eventos sobre o tema copy.

O que eu preciso fazer?

Isso mesmo! Os 03 passos para criar um discurso único.

Eu vou dar um exemplo prático do processo de criação para encontrar uma brecha de mercado.

01- O que está sendo falado hoje no mercado digital? Qual o sentimento?

02- Qual a maneira diferente que eu posso tratar esse mesmo assunto?

03- Qual ângulo diferente eu posso falar sobre copy?

Criação de familiaridade: O que as pessoas estão falando no mercado? Qual o sentimento atual?

01- Criação de mentoria
02- Venda de mentoria
03- Venda de produtos de alto valor

Hipótese: Muitas pessoas estão montando seus grupos de mentorias, high-tickets e produtos de maior valor. Porém, são poucos os que realmente sabem como vender mentoria de verdade.

Solução: *hoje no mercado digital, existem muitas pessoas montando seus grupos de mentorias.*

A maioria dos empresários já entendeu que vender mentoria é algo muito lucrativo.

Mas ao mesmo tempo, são poucos os que sabem realmente como vender uma mentoria na prática.

Existe uma grande diferença entre a Copy para vender um curso gravado e a Copy para vender mentoria.

Existem alguns botões específicos que devem ser apertados na Copy para vender mentoria.

O problema é que muitos estão perdendo tempo, energia e dinheiro tentando vender mentoria do jeito errado.

A boa notícia?

É exatamente isso que eu vou te ajudar na minha NOVA mentoria Copy para Mentoria...

BINGOOOOOO!!!!!

Essa ficou TOP hein? rsrs.

Percebe como é criado um discurso de diferenciação?

Não importa se você faz parte de um mercado maduro, com vários concorrentes (na verdade, é até melhor), pois isso possibilita você pegar carona nos discursos existentes.

Faz sentido?

Eu vou deixar algumas atividades práticas para você começar a definir o seu posicionamento online:

01- Estabelecer tudo que está sendo falado para o seu público.

02- Estabelecer uma hipótese, um rótulo para os seus concorrentes.

03- Estabelecer uma possível solução. Em outras palavras, um discurso a ser defendido.

No próximo capítulo eu vou te mostrar em detalhes a estrutura mestre para escrever uma carta de vendas para serviço, que é:

01- Afirmação
03- História
04- Problema
04- Revelação e Solução detalhada
05- Convite (Oferta)

Preparado?

Capítulo 03:

Como Criar "na Prática" uma Copy para Vender Serviço...

Eu não sei qual a sua experiência com copy. Também não sei qual nota você daria para o seu nível de copy atualmente.

Talvez Um 7, ou 5, um 4,... Sinceramente não dá para saber.

Mas se existe uma coisa que eu tenho absoluta certeza é que quando você segue um modelo de estrutura, isso te dá uma clareza incrível na hora de escrever uma copy.

Quando eu tive acesso a estruturas e templates, eu comecei a escrever copy com mais velocidade e qualidade. Fato!

O problema é que na Copy para vender serviços, existe um modelo bem específico.

O motivo? É simples. A copy para serviços precisa ser baseada na geração de confiança.

Em outras palavras, a estrutura mestre da copy para serviços precisa ter elementos que despertem uma percepção de segurança e confiança no público.

Felizmente, é exatamente isso que eu preparei para você.

Preparado?

Os 05 Etapas da Copy para Vender Serviços Online...

01- Afirmação
02- História
03- Problema
04- Revelação
05- Convite

Eu vou explicar em detalhes cada um deles.

01- Afirmação: A primeira parte dessa copy é a afirmação. Ao invés de prometer, você cria uma afirmação para ser defendida.

Por exemplo: Se eu fosse vender um curso ensinando a escrever uma carta de vendas para vender serviço, a promessa seria:

"Como escrever uma carta de vendas para vender serviços na internet."

O restante da minha copy seria para cumprir a minha promessa.

Na copy para vender serviços é bem diferente, eu não preciso ter uma promessa ou headline mais forte. Não tem tanta relevância.

Pois o foco será a defesa da minha afirmação.

Ex:

(afirmação)
Existe uma grande diferença entre uma copy para vender produtos digitais X copy para vender serviços

(argumentação)

A maioria das pessoas no mercado digital falam sobre copy para lançamento, copy para anúncios, copy para vídeo de vendas, copy para página de captura... copy para isso, copy para aquilo.

Basicamente, todos falam sobre copy envolvendo o mercado de produtos digitais.

Mas o que eu senti falta nesse mercado, foi de pessoas falando sobre copy para vender serviços.

Quem está falando para esse público?

Quem está tomando conta dessa parcela que tem uma demanda gigantesca no mercado brasileiro?

Percebe como afirmação te dar o tom e caminho para criar o contexto/argumentação?

Mas tudo começa com a criação dessa afirmação.

Se você reparar na maneira como eu comecei as primeiras linhas deste livro, você irá notar que eu começo com uma AFIRMAÇÃO.

Ex:

Caro leitor,

Eu começo as primeiras linhas deste livro com uma única e exclusiva meta em mente: Ganhar a sua confiança.

Talvez você esteja se perguntando: "ganhar a minha confiança? por que?"

Eu posso parecer um pouco exagerado na minha resposta, mas eu não encontrei outra maneira mais objetiva e clara de dizer isso.

Ou você aprende a ganhar a confiança do seu público, ou dificilmente

você irá conseguir vender serviços na internet.

Reparou?

Eu começo criando um contexto para defender a minha afirmação.

AFIRMAÇÃO: *Ou você aprende a ganhar a confiança do seu público, ou dificilmente você irá conseguir vender serviços na internet.*

Eu vou deixar alguns atalhos para você criar as suas próprias afirmações:

01- Uma coisa é... Outra coisa é...

02- Sem "A"... Não existem resultados extraordinários...

03- A maioria das pessoas que sofrem com (problema)... Ainda não conhecem a (solução)

04- OU você tem "A"... OU dificilmente você consegue "B"

Exemplo prático:

Uma coisa é uma copy para vender produtos digitais... Outra coisa é uma copy para vender serviços...

Sem a criação de um discurso único... não existem resultados extraordinários...

A maioria das pessoas que estão enfrentando dificuldade para vender o seu serviço na internet... não conhecem estratégias de copywriting...

Existem vários outros atalhos de afirmações.

Mas o que eu quero que você entenda é que por trás dessas afirmações que você irá defender está o segredo desse tipo de copy.

Pois é esse contexto que traz uma proximidade na venda do serviço.

Ficou claro?

Agora eu peço que você pare um pouco, encoste esse livro por algum tempinho e faça essa simples tarefa de casa:

Com base nos modelos que eu te dei, crie 2 afirmações e duas linhas de argumentações para defender essas afirmações, combinado?

História: Aqui é a parte de resumir a sua história ou de "cases de clientes".

Funciona mais ou menos assim:

Depois que você deu a sua afirmação e a defendeu, você abre um rápido momento para contar uma história.

Existem alguns modelos que você pode seguir.

Mas antes deixa eu te contar o por que a história é tão importante para quem vende serviço, tudo bem?

Bom, todo bom vendedor de serviços precisa ser um bom contador de histórias.

Por que? Deixa eu pontuar alguns bons motivos.

01- A história tem o poder de criar "identificação" com o público. Isso é algo extremamente importante na sua apresentação.

02- A história tem o poder de levar as pessoas para uma viagem nos seus próprios pensamentos.

<u>**Essencial para que a sua copy passe sem ser ignorada.**</u>

03- A história de terceiros (Cases) mostra que você é capacitado para ajudar outras pessoas.

Em outras palavras, mostra que você é alguém ou tem algo (Método) digno de CONFIANÇA.

Outro ponto importante, é que na parte da história você também pode narrar um contexto (fato) do seu mercado.

Alguns atalhos para contar a história:

01- Geralmente, quem consegue "A" passou pela seguinte situação.

02- Eu vou revelar para você, algo que poucas pessoas estão conseguindo enxergar...

03- Antes de avançar, eu vou te contar uma rápida história...

04- O que está acontecendo hoje é o seguinte... Todo mundo está fazendo "X"... mas poucos fazem "Y"

Template básico para história:

01: Quando eu...
02: O que acontecia era...
03: Até que isso aconteceu...
04: Hoje eu posso dizer que...
05: Foi exatamente por isso que...

Recapitulando: Depois de defender a sua afirmação, você entra na história.

Ficou claro? Então vamos continuar com a nossa estrutura de copy para serviços.

Problema: Agora, eu preciso que você preste bastante atenção.

Acertar na parte do problema é o que irá começar a criar o desejo pela sua solução. Ou seja, o seu serviço.

No entanto, você não irá falar sobre o problema como as pessoas estão acostumadas a falar no mercado digital.

Muitos falam sobre as dores do público, a situação do cliente, etc e etc...

No caso da venda do serviço, você irá falar sobre o problema que você está ajudando a resolver.

Em outras palavras, você cria o desafio que o seu serviço (solução) irá resolver.

Exemplo prático.

A maioria dos prestadores de serviços estão praticamente perdidos pelo simples fato de não saber se promover no ambiente online...

Mais do que isso, muitos não sabem criar um diferencial no seu mercado de atuação.

Se você quer se destacar "quase que imediatamente" através da internet, você precisa criar uma boa copy de vendas.

Sem isso, esquece.

Mas na prática, como criar uma BOA copy de vendas para vender serviços online?

É simples, você precisa do que eu chamo de modelo PERFEITO de copy para serviços...

É seguinte:

01- Afirmação
02- História
03- Problema

04- Revelação
05- Convite

Pegou a Ideia?

Alguns atalhos para criar o problema:

- Agora que você entendeu que precisa de 1,2,3,4... como fazer isso?

- Entendeu o porque "X" é exatamente o que você precisa? só tem um problema...

O ponto é, você mostra para o público o que ele precisa para atingir a meta que ele deseja.

Mas cria outro desafio, que no caso, a solução desse desafio é sua prestação de serviço.

Percebe?

O grande desafio nessa parte é você deixar a impressão que o problema só é resolvido se a pessoa comprar o seu serviço.

Você precisa ter muito cuidado com isso.

O seu serviço é a resolução do problema de uma maneira mais confortável. Mais segura.

Ou seja, o seu serviço é apenas um facilitador.

Deixa eu contar uma rápida história para tentar ilustrar melhor o meu ponto.

Imagine que você está em uma mesa cara a cara com uma pessoa.

Essa pessoa é uma potencial cliente, ou seja, uma pessoa que pretende contratar o seu serviço.

Durante a conversa, você diz o seguinte:

Olha, para resolver isso, você precisa fazer algumas coisas... faça isso, isso e mais isso... garantido.

Pode fazer que você terá resultados, essa é a melhor recomendação que eu dou para todos os meus clientes, é o meu melhor conselho.

Daí, a pessoa olha para você e responde:

Hum... obrigado, mas eu não sei como faz isso, nem isso, e muitos menos isso...

Você diz: Bom, você pode fazer sozinho tudo isso que eu sugeri ou você pode contratar o meu serviço... onde eu PESSOALMENTE faço por você... Ou... eu te ajudo a fazer...

Pegou a ideia?

Esse é o melhor tom de uma carta de vendas para vender serviços online.

A pessoa sentir que teve uma resposta, sentir que recebeu um caminho, uma solução.

Mas ela sente que é mais seguro e CONFIÁVEL seguir com você.

Ficou bem claro para você?

Revelação: Na parte da revelação é a hora de você <u>apresentar uma proposta dentro de um discurso de solução</u>.

Para você entender melhor, pense o seguinte: A revelação está muito atrelada com o problema que você criou.

Exemplo prático: Mas o grande problema é... como conseguir fazer isso?

Eu vou te mostrar exatamente o que precisa ser feito para conseguir "x"...

Preparado? Então vamos lá.

Número 01: Você precisa fazer 1, 2, 3...

Número 02: Você precisa tomar cuidado com 1, 2, 3 ...

Número 03: Faça isso, isso e isso...

Percebe a virada para a revelação?

Mas aqui tem um ponto chave que você precisa ter cuidado.

Nessa parte da copy você está dando um caminho para o leitor seguir que "coincidentemente" é o que você irá oferecer.

Ou seja, o seu serviço.

Porém, para a persuasão acontecer, você precisa responder uma pergunta e 03 novas.

Calma, eu vou explicar isso.

Para cada parte da solução que você estiver entregando, você precisa estar consciente de que está abrindo "novas lacunas" para novas necessidades.

Por exemplo:

Mas na prática, como criar uma BOA copy de vendas para vender serviços online?

É simples, você precisa do que eu chamo de modelo PERFEITO *de copy para serviços...*

É seguinte:

01- Afirmação
02- História
03- Problema

04- Revelação
05- Convite

Repare que eu digo exatamente o que o leitor precisa para escrever uma copy para serviços, mas eu não aprofundo nas especificidades.

Eu posso até dar uma visão geral, mas um detalhamento de cada tópico não.

O grande objetivo é fazer "propositalmente" o leitor pensar o seguinte:

"Eu sei que preciso criar uma afirmação, mas no meu caso, qual o melhor tipo de afirmação usar?

Qual o melhor tipo de história? No meu caso, eu uso uma história pessoal? ou de clientes?

Veja, que a minha solução cria necessidade de novos complementos. E isso, inconscientemente, cria o desejo pela prestação do serviço.

Pegou?

Deixa eu te dar outro exemplo prático:

Esse livro que você está lendo nesse exato momento.

É um puro exemplo de uma Copy para vender serviço.

Se você for um leitor bem atento, irá reparar que faço exatamente isso nesse livro.

Ex:

Bem, agora que você entendeu que precisa de uma boa estratégia para vender seu serviço usando a internet, como fazer isso?

Você precisa de 03 coisas:

01- Criar um discurso único
02- Criar uma oferta irresistível
03- Carta de vendas (copy)

Se você fizer essas 3 coisas, já resolve seu problema.

Mas afinal, como fazer isso? Por onde começar? Como fazer do jeito certo?

Está ficando claro para você?

Lembre-se: Você NUNCA irá se aprofundar nos passos da solução.

Sempre irá falar da solução em termos de visão geral + metas gerais.

Para que não se gere nenhuma confusão ou perder o seu leitor por causa da entrega de muita informação.

O grande ponto é deixar uma lacuna a ser preenchida, e esse preenchimento será o seu serviço, combinado?

Ficou claro para o leitor?

Muito bem, vamos prosseguir adiante.

Convite: Nessa parte, você apresenta o seu serviço e faz um convite de próximo passo.

Esse próximo passo pode ser preencher uma aplicação, pode ser entrar em contato por whatsapp ou pode ser o pagamento direto.

Mas no caso do serviço, o ideal é deixar duas opções:

01- Link para compra
02- Contato (whatsapp)

Na prestação de serviço, gerar um contato antes da venda cria um ambiente de "QUALIFICAÇÃO".

Por exemplo:

Eu não trabalho com qualquer projeto.

Eu preciso conhecer os seus bastidores primeiramente.

Eu faço uma qualificação, se ver que posso ajudar você... avançamos, tudo bem?

O ponto é que você dá para a pessoa o tom que ela não vai te contratar e sim passar por um processo seletivo, e a partir daí você poderá confirmar que pode ajudar ela.

Pegou a ideia central do convite?

Daí por diante você entra no pitch de vendas.

Agora que você entendeu o exato passo a passo para criar "na prática" uma copy para vender serviços.

(Lembrando que essa mesma estrutura pode ser usada para texto e vídeo, ok?)

Vamos entender COMO vender. Não adianta apenas criar uma mensagem extremamente persuasiva, você precisa entender as estratégias para vender serviços online.

Se você está sério nessa decisão, o próximo capítulo será um dos mais importantes deste livro.

Preparado?

Capítulo 04:

A Estratégia de Vendas, e O Seu Próximo Passo Ideal.

Uma rápida revisão sobre a copy para vender serviço.

01- Uma boa copy para vender serviço ela tem um tom de apresentação/demonstração.

02- Antes de criar a copy propriamente dita, você precisa criar um discurso único baseado no seu mercado/concorrentes

03- A principal barreira/objeção de compra para a venda de serviço é a confiança.

Agora que você demos uma rápida passada pelos principais pontos deste livro, vamos entender a estratégia de vendas para prestador de serviço.

Preparado?

Existem 03 estratégias para prestador de serviço, são elas:

01- Super palestra
02- Tráfego Direto
03- Ebooks

Vamos dar uma rápida passada pelas 03 estratégias para vender serviços online.

A estratégia número 01 (Super palestra) é mais recomendada para quem já tem uma lista de emails.

Nesse caso, você faz convites para sua base de emails chamando para apresentações.

Essas apresentações, podem ser semanais, quinzenais ou mensais.

Adivinha qual será a estrutura dessa apresentação?

Isso mesmo! a estrutura que eu apresentei no capítulo anterior.

01- Afirmação
02- História
03- Problema
04- Revelação
05- Convite

Você está sendo um aluno muito

dedicado, com certeza irá tirar uma boa nota na média. rsrs

Continuando...

Na estratégia número 02, *(acredito ser o caso da maioria dos prestadores de serviços)* você cria anúncios levando as pessoas direto para a sua página de vendas.

Essa estratégia é mais recomendada para público frio. Porém, existem alguns cuidados.

A copy da sua página de vendas precisa estar "bem afiada". Outro ponto é que a margem de lucro nessa estratégia é menor, pois os custos com tráfego acabam sendo maiores.

Aqui não existe tanta necessidade que você apareça em um primeiro momento... a sua proposta é mais importante.

A terceira estratégia são ebooks. Ou seja, você terá ebooks onde dentro dele terá o que é conhecido como "ofertas contextuais".

Em outras palavras, de maneira contextual você fala do seu serviço.

Se você for um leitor atento, irá reparar que esse livro está repleto de ofertas contextuais.

Um rápido parêntese: Eu comecei vendendo esse E-book com uma oferta de pré-venda. Ou seja, eu escrevi apenas o primeiro capítulo e já comecei a vender por um preço bem especial.

O mais interessante é que nessas primeiras vendas, algumas pessoas já mostraram interesse e eu fechei uma consultoria.

O motivo? Oferta Contextual.

Se você reparar bem, logo no começo do livro eu narro um contexto e cito de maneira indireta a minha mentoria de copy.

Em outras palavras, com apenas um capítulo em PDF, eu consigo jogar uma sementinha da mentoria (que na prática é uma prestação de serviço), que durante a leitura pode se converter em desejo de compra.

Mas é preciso saber criar essa necessidade no seu texto, é preciso apertar os botões certos ou nada acontece.

Voltando para as estratégias...

Você pode ter ofertas contextuais no começo, durante ou apenas no encerramento do livro.

O grande ponto é: Existem outras maneiras de vender serviços usando a internet.

Mas hoje, essas 03 são as que mais geram resultados a curto prazo para prestadores de serviços.

01- Palestra (com Copy)
02- Livro ou E-book (com Copy)
03- Anúncios (Com muita Copy rsrs)

Muito bem, estamos nos aproximando do encerramento do livro e a sensação é de muita gratidão por está compartilhando com você esse conhecimento que eu considero único e muito precioso.

Agora vamos falar sobre os próximos passos?

Pois bem.

O Seu Próximo Passo Ideal...

O meu grande objetivo com esse livro foi compartilhar com você essa grande oportunidade que eu tive privilégio em primeira mão ao participar de um grupo de negócios que eu faço parte em São Caetano do Sul - SP.

Eu sei que esse tipo de conhecimento irá se popularizar em breve, e espero que você seja um dos primeiros a aplicar esse conhecimento no seu negócio.

Usar a internet para alavancar os resultados do seu negócio já não é mais nenhuma novidade no Brasil.

Copy (apesar de andar em passos lentos) já está se tornando algo muito popular no

Brasil.

Esse aprofundamento mais detalhado e específico, visão de mercado, estratégias de vendas online "avançadas", todas essas coisas já são uma realidade.

Existem empresários ao redor do Brasil precisando urgentemente desse tipo de conhecimento para aumentar as vendas do seu serviço através da internet.

E esse foi o real propósito desse livro... contribuir para o mercado brasileiro.

Que na minha visão limitada, ainda existe uma grande oportunidade de negócios a ser explorada.

Principalmente no digital.

Enfim... O grande ponto é que agora você tem um modelo a seguir, uma visão de oportunidade, uma visão de mercado para dar o próximo passo.

Neste momento, existem muitos prestadores de serviço que estão sem clientes, O motivo?

Muitos não aprenderam a se promover no ambiente online. Não conseguem criar uma percepção de valor para o seu serviço.

A boa notícia é que essa é a sua chance de sair na frente no seu mercado de atuação.

Essa é a sua chance de se posicionar como um prestador de serviço diferenciado, reconhecido e de valor no seu mercado.

Mais do que isso... agora você tem a chance de fazer isso com modelo, com método e com processos a seguir.

Durante esse livro eu te apresentei visão

de mercado, estrutura, conceitos, TUDO para você dar os seus primeiros passos.

Espero que você tenha aproveitado cada linha, cada insight, cada ensinamento apresentado aqui.

Esse livro será atualizado sempre que eu encontrar modelos de referência, ou novas experiências que mostre caminhos melhores, combinado?

Bom, espero que você tenha aproveitado tanto quanto eu esse livro.

Existe uma frase que diz o seguinte: *O professor aprende mais do que o aluno.*

E eu sei o quanto cresci junto com você na jornada de construção desse livro.

Enfim... Esse é apenas o começo de uma jornada que será simplesmente incrível.

Deus te abençoe.

Te vejo na próxima copy?

Um grande abraço!

PS: Se você gostou do livro, faça uma publicação no insta e me marca lá @jadsonbarretoo

PS2: Se você quer que eu pessoalmente te ajude a criar uma copy, suas palestras de vendas ou mesmo seus e-books, *eu tenho um convite muito especial.*

logo aqui abaixo, eu vou deixar o link da nossa mentoria de copy, para você saber todos os detalhes.

Aqui está o Link

Lá, vai ter um formulário para você preencher e iniciar uma conversa com a equipe, diz lá que você é leitor do copy para serviço e libere uma "oferta muito especial" para a nossa mentoria individual de copy.